# PLAIDOYER ET RÉPLIQUE

## DE

# M. L'AVOCAT PARQUIN

## POUR

## M. LE COMMANDANT PARQUIN,

### SON FRÈRE,

COUR D'ASSISES DU BAS-RHIN, 15 ET 17 JANVIER 1837.

**( COURRIER DU BAS-RHIN. )**

## STRASBOURG,

IMPRIMÉ CHEZ G. SILBERMANN, PLACE SAINT-THOMAS, 3.

## 1837.

# PLAIDOYER

### DE

# M. L'AVOCAT PARQUIN

#### POUR

## M. LE COMMANDANT PARQUIN.

(COURRIER DU BAS-RHIN, 15 JANVIER 1837.)

Un autre avocat se leve. Sa voix pleine de larmes et d'émotion vient disputer la tête d'un frère malheureux à la vindicte publique. Il veut en outre venger la réputation militaire du brave officier outragé par l'accusation dans ce qu'il a de plus cher, dans son honneur qu'il sait encore conserver au banc où l'a fait asseoir son dévouement aux traditions d'une époque de gloire. Quel cœur ne se gonflera pas, quel œil ne sera pas rempli de pleurs à ces accents nobles et mâles d'un frère défendant son frère égaré, entraîné!

Messieurs les jurés !

Je suis venu accomplir un pieux devoir.... Je suis venu, dans cette cause grave et solennelle, prêter le secours de ma voix au compagnon, à l'ami de mon enfance, à mon frère, à ce Charles qui, par une louable émulation, s'était chargé de couvrir d'éclat, dans la carrière des armes, un nom que je m'efforçais de ne pas porter sans quelque estime au barreau.

1.

A la nouvelle du fatal complot, je fus consterné, anéanti. Bientôt je dus suivre deux inspirations différentes, sans être contraires, et dont les âmes généreuses comprendront la simultanéité : la première, de m'adresser au souverain, de déposer aux pieds du trône l'expression de ma profonde douleur ; la seconde, d'écrire à mon frère malheureux et dans les fers : *Charles, veux-tu de moi pour te défendre?*

Cette défense, hélas ! au moment où je l'offrais, moi-même je ne la comprenais guères. Le crime n'était-il pas flagrant? l'étendard de la rébellion n'avait-il pas été levé? Parquin, exalté par le fanatisme des souvenirs de l'empire, n'avait-il pas méconnu ses nouveaux serments? n'avait-il pas tourné contre le gouvernement de son pays l'arme qui lui avait été confiée pour le servir...? Aucune de ces difficultés ne se montrait, Messieurs, à mon esprit.... Parquin est accusé.... Parquin a besoin d'un défenseur... Je veux, je dois être le sien... Qui donc pourrait ne pas être touché des paroles d'un frère?... un frère!... mais c'est un défenseur donné par la nature... Tel moyen serait inefficace, tel argument serait décoloré dans la bouche de l'homme le plus éloquent, qui prend de la consistance, qui acquiert une sorte d'influence magique dans la bouche d'un frère... On permet tout, on passe tout à un frère... Au fond de mon cœur j'entendais déjà résonner ces mots, qui devaient se rencontrer plus tard placés sur des lèvres augustes : « La défense d'un accusé est un devoir sacré; combien ce devoir n'est-il pas plus impérieux, lorsqu'il s'agit d'un frère? [1] »

Me voilà donc : à moi de vous apprendre, Messieurs, par quel égarement l'un des plus beaux caractères guerriers de cette époque a pu tomber dans l'entier oubli de ses devoirs; à moi de vous transmettre des détails qui ne sont pas

[1] *Moniteur* du  décembre 1836.

dépourvus d'intérêt, et qui, s'ils le laissent toujours sans justification et sans excuse, ne laisseront pas du moins inexpliquée sa participation à l'attentat... Mais pour cela il faut que je reprenne d'un peu haut la vie de l'homme qui est maintenant devant vous... Mon exposé sera rapide...; je ne dirai que ce qui sera utile..., certain d'ailleurs que, dans ce pays où j'arrive inconnu, un peu de bienveillance m'accueillera, en considération même du motif qui m'y conduit. (Marques nombreuses d'approbation.)

Denis–Charles Parquin, au sortir du collége, embrassa le métier des armes.

Il aurait pu faire son apprentissage dans quelques-unes de nos écoles militaires: il ne le voulut point. Il crut que, pour devenir bon officier, il fallait commencer par être simple soldat.

C'était le temps où nos guerriers, rarement en garnison, à l'armée presque toujours, comptaient leurs années de service par leurs campagnes. Parquin eut cet avantage que chacun de ses grades fut le prix d'une action d'éclat; tous il les conquit sur le champ de bataille.

La presse, avec une bienveillante sollicitude, a déjà reproduit quelques–uns de ces hauts faits qui, disséminés en plusieurs existences militaires, suffiraient pour les illustrer toutes, et qui, réunis, groupés en une seule, font que bien peu peuvent lui être comparées. Pourquoi des traits si dignes d'être signalés à l'admiration publique ne trouveraient-ils pas leur mention ici? Ce sera une compensation naturelle et fort légitime aux rigueurs, je pourrais dire, aux injustices de l'acte d'accusation!

A Ciudad–Rodrigo, Parquin reçoit un coup de feu qui lui traverse la figure. Comme il ne pouvait parler, il écrit de l'ambulance à son colonel : «Ma blessure n'est rien: «j'avais une mauvaise dent contre les Anglais, ils me l'ont «enlevée; mais ils auraient pu se dispenser d'en faire dis— «paraître cinq autres avec.»

Le 12 avril 1812, le général en chef, duc de Raguse, ayant pénétré en Portugal, Parquin, adjudant-major de ses guides, sous les ordres du colonel Denis, fournit avec 200 hommes une charge dont le résultat fut la prise de 1500 milices portugaises et d'un drapeau que Parquin a enlevé de sa propre main, au milieu d'un carré ennemi[1].

Devant Salamanque, le duc de Raguse, accompagné de quelques officiers, faisait une reconnaissance sur la ligne des tirailleurs des deux armées, lorsqu'un officier du 10e régiment de dragons légers anglais, dépassant les siens, vint caracoler et brandir son sabre à la vue de l'armée française : « Que veut cet officier? » dit le duc de Raguse. «Monseigneur, réplique Parquin, il veut échanger un coup de sabre, et si je n'étais de service auprès de Votre Excellence, j'aurais déjà satisfait à son désir. — « Qu'à cela ne tienne, je vous accorde la permission. » Parquin rejoint l'officier anglais, croise le fer avec lui, l'atteint d'un coup de pointe à l'épaule gauche, le désarçonne, le jette à terre et ramène le cheval en laisse aux acclamations du maréchal, des officiers et des tirailleurs présents.

Le lendemain, à la bataille de Salamanque, dans une brillante charge de cavalerie faite par l'escorte, Parquin est grièvement blessé au bras droit.

A la bataille de Hanau, il est frappé à la tête par une balle.

Dans le courant de mars 1814, l'empereur marchant de Vitry-le-Français sur Troyes, le général Sébastiani donne au capitaine Parquin, qui était à l'avant-garde, l'ordre de charger à outrance sur une batterie de dix-huit pièces de canon que l'ennemi avait établie en rase campagne. La charge est exécutée avec une telle audace et a un tel succès, que le général Sébastiani, dans le compte

---

[1] Certificat du duc de Raguse.

qu'il rendit à l'empereur de cette affaire, disait : « Il y a vingt ans, Sire, que je suis officier de cavalerie, et je n'ai jamais vu charge plus intrépide. » Paroles bien flatteuses pour le jeune capitaine Parquin.

Après la bataille de Montmirail, l'empereur demande au général Colbert, qu'on lui désigne un capitaine et cent chevaux de sa garde pour une expédition hardie. Parquin est commandé.... « Marchez à l'ennemi, capitaine ; et ramenez-moi des prisonniers. » Un pareil ordre, émané d'un pareil chef, devait produire son effet. Parquin passe la Marne avec sa troupe. Il était six heures du soir. A minuit, il avait rencontré les Russes, et aussitôt leur bivouac se réveille, sabré par des hussards, des dragons, des mameluks et des lanciers : car Parquin avait, à dessein, composé son escadron de ces différentes armes. La variété d'uniformes fait croire à l'ennemi qu'il est attaqué par toute une division de cavalerie. L'épouvante est générale. Il a un grand nombre de morts, et une centaine de prisonniers qui sont envoyés à l'empereur ; le capitaine Parquin ne perdit personne.

Ces traits sont assez beaux sans doute. Ecoutez maintenant, Messieurs, de quelle manière simple et touchante un maréchal de France raconte que Parquin lui a sauvé la vie :

« C'est avec le plus grand empressement et dans l'intérêt «de la vérité, que je certifie, que devant Leipsick, le 16 oc-«tobre 1813, me trouvant engagé dans un gros de cuiras-«siers autrichiens, et n'ayant que mon épée pour défense, «j'ai dû en partie mon salut à la bravoure et au dévoue-«ment de M. Charles Parquin, alors lieutenant aux chas-«seurs à cheval de la garde impériale. M. Parquin est resté «près de moi pendant tout le temps qu'a duré la mêlée, *en* «*exposant ainsi sa vie pour sauver la mienne.*

« Paris, ce 29 décembre 1830.

Signé, le Maréchal, duc de REGGIO.

Et la manière dont Parquin obtint la croix. L'empereur passait une revue. Un jeune lieutenant de cavalerie, dont le régiment venait d'être inspecté, descend de cheval, et va se poser à l'extrémité du front de bandière. Napoléon remarque la taille élevée, et la belle stature de notre officier, auquel une blessure à la lèvre supérieure donnait un aspect encore plus martial. Un instant après, le même lieutenant se retrouve sur le passage de l'empereur. La troisième fois, fatigué de cette interpellation muette, Napoléon lui demande brusquement: qui es-tu? que me veux-tu? — Vingt-six ans d'âge, onze ans de service, onze campagnes, cinq blessures, la vie sauvée à un maréchal de France, cinq drapeaux pris à l'ennemi: je désire la croix. L'empereur la lui donne.

(Ce rapide exposé des faits d'armes du commandant Parquin est écouté avec le plus vif intérêt, et des murmures d'approbation l'interrompent à diverses reprises.)

A de tels récits, j'ai le droit de le demander encore: Est-il beaucoup d'existences militaires mieux et plus glorieusement remplies? Et faut-il s'étonner si la susceptibilité du commandant Parquin s'est naguères offensée, lorsqu'il apprit qu'un journal (dont j'honore au surplus la rédaction), dans son zèle officieux pour la garde municipale, avait affecté de répandre du doute jusque sur ses anciens services.

La restauration survient.

Napoléon banni de France, mort pour la France, Parquin, comme tous les braves qui avaient combattu sous ses ordres, surtout comme ceux qui avaient servi dans la garde; avait voué une sorte de culte à sa mémoire. Permis à l'acte d'accusation, de nier la puissance, la religion des souvenirs! A une époque où tant de caractères changent au gré des événements, où le dévouement se prodigue au plus heureux, cette maxime désolante du ministère public, qu'on ne doit plus avoir de foi aux anciennes croyances, je la conçois; et cependant qu'on s'abstienne de l'appliquer au commandant Parquin: car le culte dont j'ai parlé, ce culte que le temps aurait refroidi peut-être, une circonstance fortuite, inattendue, vint contribuer à l'entretenir, même à le réchauffer, en mettant, pour ainsi dire, l'officier de Salamanque, de Hanau, de Vitry-le-Français en rapport continu avec son immortel général.

Parquin avait été soupçonné, non pas d'avoir trempé dans la conspiration du mois d'août 1819, mais de ne l'avoir pas révélée, en ayant eu connaissance. C'est à cela probablement que le ministère public fait allusion, lorsqu'il suppose que Parquin n'en était pas à son coup d'essai *en fait de tentative sur la fidélité des troupes*. Dans cette partie de l'acte d'accusation, le ministère public se trompe, comme dans presque toutes les autres. Déjà Parquin a relevé avec une chaleureuse indignation, et l'instruction orale a démenti le langage déshonorant, ignoble, que l'instruction écrite prétend qu'il aurait tenu au moment de son arrestation [1], langage dans les habitudes des criminels de bas étage, parmi lesquels apparemment on se fût estimé heureux de le confondre et de le réléguer. J'aurai sujet de relever le surplus des erreurs dont le réquisitoire fourmille. Dès à présent je me dois de protester contre une fâcheuse insinuation. Jamais Parquin ne fut même mis en prévention, comme ayant cherché à tenter la fidélité des troupes. Au contraire, il fut constaté par l'instruc-

---

[1] Selon l'acte d'accusation, Parquin aurait été arrêté dans l'instant où il fuyait, criant, pour mieux s'évader: *arrêtez-les! arrêtez-les!* Il a été établi aux débats que Parquin ne fuyait pas; qu'il se dirigeait, avec un détachement d'artilleurs, vers un lieu où il croyait sa présence utile au prince, et que ce qui avait été pris, par un seul témoin, pour le cri *arrêtez-les!* était tout simplement le cri qu'il proféra, lorsque vingt bayonnettes menaçaient sa poitrine: *Arrêtez-moi, mais ne m'assassinez pas!*

tion qu'avant, longtemps avant la découverte du complot, Parquin avait refusé de recevoir l'uniforme de capitaine de chasseurs à cheval de la garde impériale, qu'une main restée inconnue lui avait expédié. Aussi ne fut-il l'objet d'aucune recherche, d'aucune poursuite ; seulement, un gouvernement ombrageux le mit au traitement de réforme. Pourquoi alors ne diriez-vous pas du colonel Brice, auquel une mesure semblable vient d'enlever tout à l'heure le commandement du 3ᵉ régiment de cuirassiers, que lui aussi *s'était rendu coupable de tentative sur la fidélité des troupes ?*

Rentré dans la vie privée, Parquin eut l'occasion de se lier avec Mˡˡᵉ Louise Cochelet, fille d'un membre de l'assemblée constituante, et dont les deux frères occupent maintenant des emplois distingués, l'un dans l'administration des finances, l'autre dans la diplomatie. Mˡˡᵉ Cochelet, élevée dans le pensionnat de Mᵐᵉ Campan, avec Hortense Beauharnais, avait plu singulièrement à celle-ci. Elles étaient du même âge, avaient les mêmes goûts, les mêmes habitudes. L'épouse de Louis-Napoléon, la reine de Hollande, ne voulut pas se séparer de sa jeune compagne. Elle créa pour elle, dans sa maison, la charge de lectrice. Depuis, les deux amies d'enfance ne s'étaient pas quittées. Ensemble dans les jours de prospérité, elles se firent une douce loi de demeurer ensemble dans les jours d'infortune et de revers ; et lorsque celle qui, à l'exemple de sa mère, avait voulu faire asseoir la bonté sur le trône, fut contrainte, par la tempête politique, de demander un refuge au sol hospitalier de la Suisse, la fidèle Mˡˡᵉ Cochelet vint s'y fixer à ses côtés. L'une acheta le superbe domaine d'Arenenberg ; l'autre, le modeste chalet de Sandegg. Les deux propriétés étant voisines, presque contiguës, on se voyait chaque jour et à chaque heure de la journée. Ce tranquille état de choses durait déjà depuis plusieurs années, lorsqu'en 1822, Parquin connut M^{lle} Cochelet et l'épousa.

Ce fut au château d'Arenenberg, ce fut dans la chapelle de M^{me} la duchesse de Saint-Leu, que le mariage se célébra. Arenenberg, que l'acte d'accusation dit avoir été choisi par les deux princes, fils de Louis-Napoléon, «à peu de distance de nos frontières, à la proximité de «l'Italie, pour demeurer sur le point qui les mettait le plus «à portée de suivre et d'apprécier les événements;» et à l'époque de l'acquisition de ce domaine, le plus jeune avait sept ans tout au plus, l'aîné n'en avait pas encore neuf; mais telle est habituellement la vérité des réquisitoires!! Arenenberg, oh! je n'oublierai jamais tes délicieuses veillées! Qu'alors et quand je goûtais les charmants entretiens de cette reine qui ne l'est plus, de cette femme si spirituelle, si bonne, si simple dans sa retraite, quand je pouvais puiser dans la conversation du prince Eugène (arrivé de Munich exprès pour le mariage), de si sages, de si instructives leçons, quand j'admirais l'amabilité, les grâces de ce jeune prince Louis, qui échappait à peine à l'enfance: qu'alors j'étais loin de prévoir qu'encore quelques années, et le malheur s'appesantirait sur la nouvelle famille; que M^{me} Charles Parquin mourrait avant le temps, mère d'une fille au plus haut degré intéressante, et que sa mort précéderait de peu de mois celui où mon frère, le valeureux commandant Parquin, serait jeté dans une prison, coupable d'attentat contre le repos de son pays! (Sensation prolongée).

Les destins l'ont donc voulu! Pendant quinze années environ, Parquin va devenir l'ami, presque le commensal du jeune prince. Les termes dans lesquels M^{lle} Cochelet avait constamment vécu avec la mère, sont ceux dans lesquels il vivra dorénavant avec le fils. Un heureux naturel grandit, se développe. Parquin le remarque et s'en applaudit; mais pour le séduire quelque chose de plus que le concours de tant de qualités aimables. Le nom vénéré, les étonnantes merveilles de Napoléon, vibrent sans cesse à son oreille. C'est du matin au soir l'objet perpétuel de leurs discours. Jamais l'entretien ne roule que sur ces temps de triomphe, de gloire, si chèrement achetés par la France, et dont un vieux soldat veut n'apercevoir que le brillant côté... Messieurs, une goutte d'eau, à force de tomber, use la pierre la plus dure.... se fait-on, peut-on se faire une juste idée de ce qu'obtiendra sur l'âme de Parquin une influence habilement préparée, ménagée depuis quinze ans ! Ah ! celui qui est au loin, qui reste calme dans les circonstances les plus difficiles, qui apprécie tout froidement, qui sait se défendre des émotions propres à entraîner les autres, il lui est aisé de ne pas faillir ! mais celui qui est sous le charme, qu'on aurait tort de le juger d'après les mêmes règles ! Messieurs, sachons faire la part de la fragilité humaine. D'augustes exemples, des exemples sacrés nous y convient.... Quand donc le prince Louis s'est ouvert à son vieil ami Parquin, quand il lui a fait ses révélations, quand il l'a mis dans le secret de ses espérances, quand de toute l'autorité que lui procuraient son nom, les souvenirs sublimes qu'il invoquait, ses rapports, une amitié de 15 années, il lui a presque ordonné de le suivre.... oui, certes, il faut blâmer, blâmer mille fois Parquin d'avoir cédé.... ma voix et celle du ministère seront toujours d'accord à ce sujet... En même temps qu'il faut féliciter l'esprit fort, l'esprit maître de lui, l'esprit insensible à toutes les impressions de gloire et d'affection, qui peut affirmer qu'à sa place, il n'aurait pas succombé ! ! !

On a payé à la belle conduite du capitaine Raindre un juste tribut d'éloges. Ce sentiment, je le partage ; mais que son mérite serait plus grand, si pour résister, le capitaine Raindre s'était trouvé, envers le prince Louis, dans les mêmes conditions où se trouvait Parquin !

Parquin n'a pas eu le loisir de la réflexion. Il n'a reçu les ouvertures, les confidences du prince que dans la journée du 29 octobre. Pourquoi? quel est le motif de cette révélation tardive? Le prince, aurait-il craint que, si vingt-quatre heures de plus lui eussent été données, Parquin se rappelât d'inflexibles devoirs, et qu'il usât de sa longue expérience pour chercher à éloigner l'exécution d'un projet auquel si peu de chances de succès étaient assurées? Le prince aura-t-il cru qu'il n'était pas nécessaire de le prévenir beaucoup d'avance, parce que c'était un de ces hommes sur le concours desquels il pouvait compter? Parquin, à cette allocution : « J'apporte ici ma tête! » a été entraîné, subjugué : « Mon prince, à la vie, à la mort! » Mais l'allocution, mais la réponse sont seulement de la veille de l'attentat.... On le conteste ; et sur ce point le doute est bien permis. Les liaisons intimes de Parquin avec Arenenberg, sa présence à Strasbourg auprès du prince, ce costume d'officier-général dont il se revêt, cette assistance hardie qu'il prête, soit pour arrêter le lieutenant-général Voirol, soit pour soulever le 46ᵉ régiment de ligne, que d'événements de nature à faire penser qu'il était affilié depuis longtemps à la conspiration!... Pourtant, à de pures probabilités, à d'incertaines conjectures, j'oppose ce point demeuré inébranlable (malgré toutes les investigations contraires), que Parquin, qui a passé les 13 et 14 octobre avec tous les officiers de la garnison de Haguenau, ne leur a pas fait la moindre ouverture dans ces journées exclusivement consacrées aux plaisirs de la chasse.

Au surplus, à votre insu à tous, Messieurs, à l'insu même de mon frère, j'ai recueilli, j'apporte des pièces irrécusables, des pièces qui doivent éclairer cette partie jusqu'à présent obscure des débats, des pièces faites également pour démentir l'une des imputations les plus odieuses de l'acte d'accusation.

Depuis la révolution de juillet, après avoir quitté le commandement de la gendarmerie du Doubs, Parquin avait désiré entrer dans la garde municipale. Ses vœux d'abord n'avaient pas pu être écoutés, mais ensuite un emploi devient vacant. J'en suis averti par M. Malleval, secrétaire-général de la préfecture de police. Dans l'intervalle, Parquin avait changé de résolution. Il venait de perdre sa femme. Il restait avec une jeune fille, dont il désirait surveiller l'éducation, avec un établissement considérable qui exigeait sa présence en Suisse. Il refuse. Voici sa lettre ; et quand le ministère public a eu le courage d'articuler que les espérances des conjurés se rattachaient aux horribles tentatives de régicide, qu'un Dieu visiblement protecteur de la France a si heureusement déjouées, au milieu des tristes, des pénibles émotions de ce procès, mon cœur bat et se gonfle de joie, d'avoir à donner publiquement lecture d'une lettre comme celle-là. (Mouvement d'attention.)

Elle est adressée à M. Malleval, du Wolfsberg, 6 août 1835. A peine l'horrible attentat de Fieschi (du 28 juillet précédent) avait-il eu le temps d'y parvenir.

Monsieur !

« J'ai à vous témoigner toute ma reconnaissance, ainsi
« qu'à M. le préfet, de vouloir bien continuer de penser à moi
« pour un emploi dans la garde municipale. Malheureuse-
« ment les circonstances pour moi se sont aggravées depuis
« le 20 mars dernier. Ma femme qui était malade alors, a
« cessé d'exister le 7 mai. Cet événement m'a mis dans la
« nécessité de rester dans ma terre, où j'ai ma fille âgée de
« onze ans, qui fait son éducation sous mes yeux, et de plus
« un établissement considérable qui exige ma présence en
« Suisse. *Je suis d'autant plus peiné de ne pouvoir reprendre*
« *du service, que l'horrible attentat, qui vient d'avoir lieu,*
« *me ferait désirer, de faire, comme le colonel Raffé et mon*

« *ami le général Lachasse de Vérigny, un rempart de mon*
« *corps au roi et à son auguste famille.* »

J'ai l'honneur, etc.

CHARLES PARQUIN.

Ce n'est pas là, Messieurs, un langage suspect. Parquin
ne demandait rien à l'autorité. On la cajole volontiers,
quand on a besoin de recourir à elle, quand on en sollicite
quelque grâce, quelque faveur... Mais la lettre de Parquin ne
briguait aucun emploi ; au contraire, il refusait celui offert.
Peu disposé à la flatterie, d'une franchise qui va jusqu'à la
rudesse, ce qu'écrivait Parquin le 6 août 1835, il le pensait.

Peut-être sera-t-on jaloux de savoir par quel hasard
l'original de la réponse à M. Malleval est resté entre mes
mains. L'explication est facile. J'étais fâché du refus de
mon frère. Je souhaitais vivement qu'il acceptât : non que
j'eusse aucun pressentiment du complot dans lequel il devait un jour tremper ; mais je tenais à le détacher peu à
peu d'un voisinage qui, tout honorable qu'il fût, n'était
pas sans quelque danger pour lui. Auprès de nous, à Paris,
rallié sous les drapeaux de la garde municipale, témoin
des efforts assidus et constants du gouvernement du roi
pour la prospérité publique, ses anciennes affections, sans
s'affaiblir, auraient laissé une place à des affections nouvelles ; et avec la loyauté de son caractère, une fois le serment prêté, je n'avais plus lieu de redouter (comme je m'a-
busais !) qu'aucune influence, de si haut qu'elle vînt, pût
le détourner de ses devoirs... Je lui adressai de nouvelles
observations qui furent enfin écoutées... Il accepta. La
remise de sa lettre n'avait plus d'objet. J'aurais pu la
détruire. Elle échappa, comme par miracle. Naguères,
en fouillant dans quelques papiers, je la rencontrai sous
ma main. Il semble que ce soit la Providence qui ait voulu
qu'elle se conservât exprès et lorsqu'une accusation de
complot devait menacer Parquin, pour témoigner au moins

de toute son horreur, de toute son exécration pour le régicide.

Mais les sentiments qu'il éprouvait, sans aucun doute,
après l'attentat de Fieschi, les a-t-il gardés longtemps? et
par exemple, les avait-il encore, à une époque récente,
après l'attentat d'Alibaud? Messieurs, la Providence vient
toujours à mon aide. J'ai là une lettre qui, pas plus que la
première, n'était destinée à voir le jour, lettre particulière,
lettre écrite du Wolfsberg, le 16 juillet dernier, à un des
amis de Parquin, lequel, sachant mon prochain départ, est
accouru me l'apporter en toute hâte:

« Voilà donc le roi échappé à l'arme à feu d'un assassin.
« *Heureusement, le génie de la France l'a préservé.* J'espère
« qu'il en sera toujours ainsi, si les tentatives se renouvel-
« lent; mais j'aime à croire *que la punition du crime servira*
« *d'exemple et fera clore la liste de ces affreux forfaits.* J'étais
« sur le point de prendre la poste et de retourner à Paris;
« mais le roi et la famille étaient en bonne santé, Paris
« tranquille. »

En avez-vous assez, Monsieur le procureur général,
et aujourd'hui ne ressentez-vous pas quelques regrets,
dans une cause où vous aviez d'ailleurs de si légitimes sujets de plainte contre les accusés, de ne leur avoir pas épar-
gné une inculpation atroce, qu'ils méritaient si peu?

Messieurs, je ne puis pas me reporter à la date de cette
lettre (16 juillet 1836) sans être oppressé par la plus douloureuse, par la plus cruelle des réflexions; c'est que s'il y
a eu concours de mon frère au complot du 30 octobre,
moi peut-être, moi (fort innocemment à la vérité), j'en
suis le premier, le principal auteur.

Tels étaient donc les sentiments de Parquin, le 16 juillet
1836, et certes ce n'étaient pas ceux d'un conspirateur. Il
écrivait cela de Suisse où il était allé passer les derniers

moments d'un congé obtenu. Ce congé expirait dans la première quinzaine du mois d'août... Comme on ne peut pas imaginer que la tentative eût été conçue, formée, arrêtée, de la fin de juillet au commencement d'août, pour n'éclater que trois mois après, le 30 octobre, Parquin, de retour à Paris à l'expiration de son congé, se trouvait séparé du prince. Il reprenait les occupations de son emploi. A l'abri de toute séduction, au milieu des siens, servi par son éloignement, il restait en dehors du complot.

La fatalité ne permet pas qu'il en soit ainsi.

Un jour, c'était entre le 15 et le 20 août, un détachement de gardes municipaux commandés par le lieutenant-colonel, se présente au serment devant le tribunal de première instance de la Seine. J'étais à l'audience. Le lieutenant-colonel m'aborde : « Monsieur Parquin, me dit-il, « votre frère dont le congé expire bientôt, désire obtenir « une prolongation. Il s'est adressé au ministre de la guerre ; « mais ce ministre ne répondra qu'après avoir consulté son « collègue de l'intérieur qui a dans ses attributions la garde « municipale. Vous feriez peut-être bien d'écrire à M. de « Montalivet. »

Cet avertissement est un ordre pour moi. Il est question d'obliger mon frère. A l'instant même, sans que celui-ci me l'eût demandé, sans qu'il fût instruit de ma démarche, j'écris au ministre de l'intérieur, et le 11 septembre je reçois de M. de Gasparin, successeur de M. de Montalivet, la réponse suivante :

« Monsieur,

« Par votre lettre du 22 août dernier, vous avez exprimé « à mon prédécesseur le désir de voir accorder à M. votre « frère, chef de bataillon à la garde municipale de Paris, la « prolongation d'un mois de congé dont il a fait la demande « et qui lui est nécessaire pour terminer les affaires de fa- « mille qui le retiennent....

« Le service ne devant pas souffrir de l'absence de M.
« Parquin, j'ai fait connaître à M. le maréchal ministre de
« la guerre que je me prêterais volontiers à ce que le congé
« demandé par cet officier lui fût accordé.

« Je me félicite, Monsieur, d'avoir pu trouver cette occa-
« sion de vous être agréable.

Recevez, etc.

> Le pair de France, ministre de l'intérieur,
> GASPARIN.

Ainsi c'est moi qui suis la cause que le congé a été pro-
longé. C'est moi qui suis la cause que Parquin n'est pas
rentré à Paris vers le milieu du mois d'août. C'est moi qui
suis la cause que le prince l'a rencontré à Strasbourg dans
les derniers jours d'octobre. C'est moi qui suis la cause que
des ouvertures criminelles ont pu lui être faites, qu'il les
a accueillies, qu'il s'est mêlé à l'attentat.

Si donc le fond de ce procès pouvait, Messieurs, vous
être utilement soumis, si vous pouviez condamner en sû-
reté de conscience, si, obligé de reconnaître l'existence du
fait principal, je n'avais plus de ressources que dans l'ad-
mission des circonstances atténuantes, voilà ce que je vous
dirais :

« Parquin, au mois d'août 1835, lorsqu'il s'exprimait
sur l'attentat de Fieschi, comme il l'a fait, n'avait certainement pas la volonté de conspirer.

« Parquin, au mois de juillet 1836, lorsqu'il s'exprimait
« sur le compte d'Alibaud, ainsi qu'il l'a fait, n'avait cer-
« tainement pas la volonté de conspirer.

« Parquin, les 13 et 14 octobre dernier, lorsqu'entouré
« des officiers de la garnison de Haguenau, il ne s'occu-
« pait pendant deux jours avec eux que des plaisirs d'une
« partie de chasse, n'avait certainement pas la volonté de
« conspirer.

« S'il a trempé plus tard dans le complot du 30 octobre,

« trois coupables peuvent, dans une proportion à peu près
« égale, s'en attribuer la faute : moi qui, en sollicitant la pro-
« longation de son congé, ai empêché qu'il ne revînt à Paris
« à une époque où il n'avait reçu encore aucune communi-
« cation ; le prince qui, abusant d'un irrésistible ascendant,
« a entraîné Parquin hors des voies de sa loyauté accou-
« tumée ; Parquin qui n'aurait pas dû avoir la faiblesse de
« se laisser égarer et surprendre.

« Ceci posé, est-ce qu'il serait possible, ajouterais-je, de
« déployer envers Parquin une sévérité bien grande ? Est-
« ce qu'on pourrait, sans ingratitude, ne pas lui tenir
« compte de ses sentiments passés ? Est-ce qu'il ne con-
« viendrait pas de prendre en considération tout ce que
« l'enthousiasme, l'exaltation, l'ivresse, le grand nom de
« Napoléon, les destinées futures de son fils adoptif, et la
« magie de l'aigle impériale et les superbes promesses faites
« au pays, ont dû exercer électriquement d'empire sur un
« vieux, sur un des plus braves soldats de l'ex-garde....
« Je rappelais la loyauté accoutumée du commandant
« Parquin... ; n'a-t-il donc pas pu croire qu'il encourrait une
« sorte de déshonneur à ne pas suivre le prince, à l'abandon-
« ner seul aux périls d'une tentative aussi hardie ?.... Grand
« Dieu, n'en induisez pas que j'approuve son action. Je la
« blâme, je la condamne, je la poursuis de mes plus viru-
« lents reproches ; mais je l'explique.... Dans cet état, les
« faits ainsi examinés, la cause considérée de ce point de
« vue, je pourrais, Messieurs, confier sans crainte le sort
« de l'accusé à votre indulgence,... à votre indulgence qui
« serait aussi de la justice....

« Et à votre indulgence qui serait encore de la justice,
« je demanderais si elle pense ne rien avoir à faire en faveur
« d'un militaire sillonné par les balles au service de la patrie.

« Et à votre indulgence qui serait toujours de la justice, je
« redirais ce que l'on est convenu d'appeler la folie, l'absur-

« dité de l'attentat. Je puiserais même un argument qui n'est
« pas sans force dans le discours de la couronne.... Il qua-
« lifie l'attentat de Strasbourg d'entreprise *aussi criminelle*
« *qu'insensée. Aussi criminelle qu'insensée !* soit , mais alors
« *aussi insensée que criminelle....* La folie le disputait au
« crime. Or, quand une action peut être attribuée indiffé-
« remment au crime que la loi punit, à la  démence qu'elle
« ne  punit pas : il y a doute,  et le doute, vous le savez,
« s'interprète toujours dans l'intérêt de l'accusé.» (Hilarité.)

Voilà, Messieurs , ce que je livrerais à vos consciences ,
si vous pouviez prononcer contre les accusés une condamnation plus ou moins forte, selon qu'ils vous paraîtraient
plus ou moins coupables.... Mais après la mutilation, après
l'échec qu'une grande mesure politique a fait subir à l'instruction , je le déclare hautement, ce qui vous reste à
faire, sans descendre dans aucun détail, C'EST DE LES
ACQUITTER TOUS.

Vous pressentez que je veux vous entretenir de la mesure
prise pour le prince Louis.

Ici, Messieurs , une magnifique thèse se présente. Elle
exige beaucoup d'indépendance de pensées et de paroles.
Soyez tranquille, M. le procureur-général. Je l'aborderai
avec tous les ménagements, je la discuterai avec toutes les
convenances que vous êtes autorisé à espérer de moi.

Mais d'abord quand je conteste, moi qui ne suis pas un
factieux peut-être , quand je conteste au jury la faculté de
descendre dans les détails, d'examiner jusqu'à quel point
et à quel degré chaque accusé peut être déclaré coupable,
puis de prononcer un verdict suivi d'une condamnation plus
ou moins sévère, mon premier sentiment est de protester
contre toute induction défavorable aux égards que réclame
la juridiction  devant laquelle ils sont traduits.... A Dieu
ne plaise qu'ils aient voulu renouveler le scandale d'un procès récent où des accusés , interpellés de s'expliquer devant

la plus éminente des juridictions, la cour des pairs, refu-
saient de répondre, prodiguaient l'outrage à la face de leurs
juges, appelaient et défiaient les condamnations. Eux, ils
sont pénétrés du plus profond respect pour les magistrats,
et ce respect ne peut être égalé que par le respect dont ils
sont pénétrés pour le jury... Déférés à la cour d'assises, ils
s'en félicitent, ils en remercient l'autorité qui, dans son
humanité comme dans sa justice, n'a pas même essayé de
recourir pour eux à la juridiction exceptionnelle, et a
voulu que tous fussent protégés par le droit commun...
Grâces lui soient également rendues de ce qu'excitée peut-
être à provoquer le renvoi de l'affaire ailleurs que dans
le département du Bas–Rhin, elle a eu en vous, Messieurs,
une confiance méritée, elle a compris qu'il ne pourrait pas
y avoir d'appréciateurs plus exacts et plus fidèles, soit de
la gravité de l'attentat, soit de la culpabilité de ses auteurs,
que des jurés pris sur les lieux mêmes où l'attentat avait été
commis...... Loin, bien loin de décliner votre juridiction,
vous êtes, Messieurs, ceux que les accusés auraient choisis
pour juges, si avec l'instruction, telle que l'éloignement
du prince Louis l'a faite, des juges, de véritables juges
pouvaient encore leur être donnés.

L'autorité, dans une haute pensée gouvernementale, n'a
pas cru devoir permettre, que le prince, l'âme du complot[1],

---

[1] L'âme du complot... pour tout autre que M. le procureur-général. A en croire ce magistrat, ce sont les accusés qui, dans des
motifs d'intérêt personnel, auraient trompé, égaré, entraîné le
prince... Mais alors que devient le choix d'Arenenberg, « fait par
« les deux princes, fils de Louis-Napoléon, à peu de distance de
« nos frontières, à la proximité de l'Italie, comme étant le point
« qui les mettait le mieux à même de suivre et d'apprécier les évé-
« nements... » et puis, avec ce système, si le capitaine Raindre,
si les généraux Voirol et Excelmans eussent répondu aux ouvertures du prince, le même reproche aurait donc pu leur être
adressé aussi!!!

fût compris dans la poursuite dirigée contre les autres conjurés. Elle l'a retiré de sa prison. Elle l'a envoyé au delà
des mers. Si de cette mesure que l'acte d'accusation signale
« comme un trait de clémence destiné à prendre place dans
« les plus belles pages de l'histoire contemporaine », il m'est
demandé ce que je pense, je répondrai : comme trait de
clémence, avant le procès et même avant toute instruction,
la mesure ne serait nullement dans mes sympathies. La
justice doit d'abord avoir son cours. La clémence ne peut
venir qu'après. De la clémence envers celui qui n'est pas
jugé encore, celui qui, comparaissant devant les magistrats, aurait pu être absous et acquitté! Qu'est-ce d'ailleurs qu'une grâce accordée à qui ne la demandait pas,
à qui n'en voulait pas, sans lettres patentes du roi, sans
arrêt d'entérinement, et qui n'est même constatée jusqu'à présent que par des injonctions ministérielles? Mais
si sous ce rapport, je diffère d'opinion avec le ministère
public, sous d'autres, j'en fais l'aveu, la mesure a toute mon
approbation. Ce n'est pas seulement à cause de ses suites
heureuses pour des accusés parmi lesquels j'ai la douleur
de rencontrer un frère ; c'est à cause surtout de sa portée
politique... Il était difficile de mieux agir dans le sens et
selon l'esprit de la révolution de juillet... que l'on censure
ou que l'on approuve l'acte qui a soustrait la duchesse de
Berry à la juridiction des tribunaux, qui l'a reconduite
hors de France... une fois ce précédent admis, une fois
qu'il avait été érigé en principe que les membres de la
branche aînée, privés de l'appui de nos lois, ne pouvaient
pas être tenus d'en subir les rigueurs, qu'une sorte de pu-
deur publique, sinon d'inviolabilité, les protégeait encore,
que c'est par des mesures politiques seulement, l'exil, l'in-
terdiction de posséder en France, qu'ils devaient être at-
teints, le gouvernement avait, pour le prince Louis, sa
marche toute tracée. Le prince Louis appartenait à une

famille dont le chef avait régné glorieusement sur nous. Comme la duchesse de Berry, il avait rompu son ban. Comme la duchesse de Berry, il était venu réclamer son droit prétendu à la couronne. Ne pas lui appliquer la règle qui avait été appliquée à la duchesse de Berry, traiter l'un et l'autre différemment, se contenter d'exiler celle-là, tandis que nous aurions vu celui-ci livré à toute la vindicte des lois, c'eût été distinguer avec trop de soin entre les nouvelles et les vieilles dynasties; c'eût été proclamer, à la grande satisfaction de certaines monarchies européennes, que Napoléon n'avait été qu'un aventurier heureux, que s'il avait régné en fait, il n'avait pas régné en droit, que n'ayant pas pu se conférer la souveraineté à lui-même, il n'avait pas pu davantage conférer le titre et les immunités d'un prince à son neveu... En plaçant le prince Louis et la duchesse de Berry sur la même ligne, en les traitant de la même manière, en leur appliquant la même mesure, on confondait les vieilles et les nouvelles dynasties dans les mêmes égards; on honorait les unes à l'égal des autres; on proclamait devant toute l'Europe que Napoléon détrônant l'anarchie, fondant un grand empire, rétablissant l'ordre, faisant régner les lois, conduisant le pays à toutes les gloires, conquérant et législateur, avait occupé le trône de France aussi légitimement que s'il y eût été appelé par le droit divin. . Honneur, toujours honneur au gouvernement. Il est sorti heureusement de cette épreuve délicate. Le prince Louis soustrait à la juridiction criminelle, seulement éloigné, banni, comme la duchesse de Berry elle-même l'avait été, non, non, ce n'est pas là un acte de pure clémence, c'est un acte de haute convenance, de grande et belle portée politique.... rarement la révolution de juillet avait encore mieux fait.

Mais de même que le gouvernement a eu raison d'accepter la responsabilité de cet acte devant les chambres, il

faut qu'il se résigne à en accepter les conséquences devant
le jury. Ces conséquences, quelles sont-elles, et ne les
avez-vous pas, Messieurs, devinées?.... Si l'éloignement
du prince doit être sans action et sans influence sur le sort
des accusés, si on a pu le transporter en Amérique impuné-
ment pour la défense, si sa présence, ses déclarations, ses
explications, indifférentes au procès, n'eussent pas servi
à y répandre la moindre lumière, en un mot, si chacun de
vous peut, dans la sincérité de son âme, affirmer que le
prince présent ou le prince absent, son verdict, au regard
de tous les complices, aurait été le même.... Prononcez,
prononcez.... de bonne foi, est-ce que cette prétention a
quelque chose de raisonnable? Est-ce que l'on peut soute-
nir sérieusement que l'éloignement du prince est sans in-
convénient, sans dommage pour les accusés? Par là,
l'instruction est incomplète; les débats sont mutilés,
tronqués. Qui donc, si non le prince accusé d'avoir
préparé le complot de longue main, aurait pu expliquer son origine, son développement et ses progrès?
Qui aurait pu expliquer, sinon le prince, comment les
accusés avaient été entraînés, séduits, et la résistance
qu'ils avaient opposée d'abord et l'adhésion qu'ils avaient
consenti à prêter ensuite? qui aurait pu expliquer, sinon
le prince, les instructions par lui données le 30 octobre,
pour l'armement des troupes, pour la formation et la conduite des détachements, pour l'arrestation des autorités su-
périeures, civiles et militaires?... s'il est, je ne dirai plus un
coaccusé, mais un témoin dont la présence dut être envi-
sagée comme nécessaire, indispensable, c'est le prince;
sans lui, tout est vague, mystère, incertitude; et en l'absence du prince, dépouillés comme vous l'êtes, de tous les
documents qu'il se serait empressé de vous fournir, réduits
à vos simples conjectures, vous croiriez, vous, hommes
honnêtes, vous, esprits droits, vous qui vous reprocheriez

rnellement un verdict rendu à la légère et sans le plus
ir examen, vous croiriez, dis-je, que vous n'en pouvez
s moins exercer de redoutables fonctions ! ! ! ! Le prince,
r la nature, par le ton même de ses explications, aurait
·igé vos opinions dans tel ou tel sens. A celles qui sont
plus fortement arrêtées, il aurait imposé quelque modi-
ation. Ignore-t-on de quels éléments fugitifs et variables
compose la décision d'un jury, comme il reçoit de pro-
ides, de durables impressions, des choses même en appa-
ice les plus incertaines? Le jury, je l'ai défini quelque
rt, c'est le juge fait homme. Le geste, l'accent, le jeu de
physionomie, jusqu'à l'inflexion de la voix, pour lui,
it est source de conviction. Souvent il serait fort embar-
ssé s'il lui fallait rendre compte, soit aux autres, soit à
-même, de ce qui forme, de ce qui détermine la sienne...
*crois parce que je crois* : c'est là sa seule réponse... Du
iment, et nul ne le niera, où la plus faible nuance, la
is petite variation dans votre verdict aurait pu être le
iultat des explications du prince, où, à leur défaut, vous
ivez plus pour vous éclairer qu'une procédure mutilée,
'orme, cela suffit ; vos devoirs vous sont indiqués et con-
s. Exposés, par une circonstance qui ne peut pas vous
·e attribuée, à prononcer contre quelques-uns des accu-
i, peut-être même contre tous, sans règle d'infaillible
itice, vous êtes assujettis à l'obligation rigoureuse de
in condamner aucun.

Encore si le prince, enlevé et déjà sur la route de la ca-
ale, que les magistrats ne soupçonnaient pas même sa
parition, avait pu, avant de s'éloigner, fournir quelques
aircissements à la justice ; si même, ne pouvant pas le re-
iir, la justice eût à son égard procédé par contumace !
iis rien de semblable ! pas un interrogatoire ! aucune in-
·uction ! un seul procès-verbal, pour constater l'enlève-
int ! En dix jours (le prince a été arrêté le matin du 30 oc-

tobre, et il n'a disparu que dans la soirée du 9 novembre), on ne l'a pas conduit une seule fois devant le conseiller commissaire! Il n'a été soumis à aucune confrontation. On ne lui a pas demandé de proférer une seule parole.... Comment! est-ce que par hasard on aurait pu craindre qu'il parlât? Messieurs, supposez un gouvernement moins probe que ne l'est le nôtre, ayant, pour se guider dans ses actes, des maximes moins rigides d'honneur et de loyauté; supposez un gouvernement qui, averti des desseins du prince, et afin de mieux les déjouer, lui eût tendu un piége, l'eût attiré en France, croyant (non sans quelque fondement) qu'il en est des complots comme de certaines maladies, moins dangereuses dans leurs effets, si, au lieu de les attendre, on a pris soin de les inoculer; supposez... Je m'arrête, Messieurs, je ne veux pas pousser plus loin une hypothèse absurde, révoltante pour un pouvoir aux intentions duquel je ne saurais rendre un trop éclatant hommage.... Mais cependant si les cas diffèrent, les principes ne changent pas. Or, le prince (qui n'avait encore subi aucun interrogatoire), enlevé uniquement pour éviter qu'il donnât de dangereuses explications.... un jury sage et consciencieux se devrait d'absoudre à l'instant même tous les complices.

En thèse générale, l'absence du principal accusé ne peut jamais devenir la cause déterminante de l'absolution des autres. A ce compte, le crime obtiendrait trop souvent l'impunité. Le chef se dérobant à toutes les recherches de la justice, il s'ensuivrait que ses complices ne pourraient plus être poursuivis ni condamnés; mais nous sommes ici, Messieurs, dans une thèse particulière. Par le fait, par la volonté de qui le prince a-t-il disparu? par le fait, par la volonté du gouvernement. Ce n'est pas le prince qui a cherché son salut dans la fuite: c'est le gouvernement qui, lorsqu'il était sous la main de justice, lorsqu'il sollicitait à grands cris de courir toutes les chances de l'instruction, n'a pas voulu qu'on procédât contre lui, l'a fait partir furtivement, l'a isolé de ses coaccusés de tout l'intervalle d'un monde. C'est le gouvernement qui a privé le jury de sa présence. Eh quoi! on arrache à des malheureux l'imposant témoignage qui devait les couvrir et les protéger, et l'on se croit encore le droit de poursuivre leur jugement et leur condamnation! (Approbation générale.)

Messieurs, tous les jours, dans un procès criminel, la comparution d'un témoin peut sembler à des accusés utile pour leur justification. Ils la réclament. « Ses déclarations « doivent jeter le plus grand jour sur des faits encore dou- « teux. Qu'il soit entendu, et de sa bouche la vérité sor- « tira, entière, sans nuages. » Mais le ministère public de s'écrier: « Ce témoin, sur la déposition duquel vous insis- « tez, nous l'avions à notre disposition. Un mot de nous, « et il comparaissait. *Il ne nous convient pas qu'il compa-* « *raisse.* Nous l'avons expatrié. Le procès se jugera sans « lui. » Messieurs, ce sont vos convictions que j'adjure. Quelle devrait être, dans une occurrence pareille, l'attitude d'un jury plein du sentiment de sa dignité? « Il ne vous « convient pas qu'un témoin, dont la présence est réclamée « hautement par les accusés, soit entendu. Vous l'éloignez « à dessein...; faites, faites usage de votre omnipotence...; « nous aussi, nous avons la nôtre. Vous ne pouvez pas nous « contraindre à trouver des accusés coupables...; nous « absolvons. » Voilà, Messieurs, comme vous répondriez tous. Cette réponse serait accueillie aux applaudissements de l'opinion publique. Vraie, juste, consciencieuse pour l'éloignement arbitraire d'un témoin important, est ce qu'elle aura perdu ce caractère, et même ne se sera-t-elle pas convertie en une impérieuse nécessité, pour un acte bien autrement grave, pour l'éloignement arbitraire du principal accusé ?

On nous dira peut-être que le renvoi de la duchesse de Berry ne fut invoqué, à titre d'acquittement, par aucun des nombreux accusés du crime de chouannerie. Quelle différence ! la duchesse de Berry avait violé la loi qui exclut de France les Bourbons de la branche aînée ; mais ce fait, le fait de sa présence parmi nous, était le seul qu'on pût lui reprocher. Qu'elle fût venue avec des vues hostiles, qu'elle voulût être sur les lieux pour entretenir le zèle de ses ardents, que son nom et sa présence fussent une excitation perpétuelle aux entreprises de sédition et de révolte, qui en doutera? Toutefois, elle n'avait, je le répète, contre elle que le fait de sa présence dans la Vendée. Du reste, nulle affiliation prouvée, nulle correspondance surprise, rien qui la rattachât directement, absolument à quelque mouvement insurrectionnel. Elle a été saisie comme une femme, après vingt-quatre heures de recherches, derrière une plaque de cheminée.... Où seraient donc les accusés qui, (lorsque son nom, s'il a été prononcé dans aucun procès, n'a pu l'être que d'une manière vague, générale, sans relation directe et absolue avec l'accusation), auraient pu s'affecter d'une mesure dictée par de puissantes considérations politiques et qui ne leur faisait pas grief? Mais le prince Louis ! ce n'est pas pour le fait seul de sa présence indue à Strasbourg qu'il était susceptible d'être recherché et poursuivi. Le prince ! il a été saisi les armes à la main, à la tête des troupes qu'il avait égarées, donnant ses ordres aux conjurés, en plein délit d'attentat ! son nom qui était déjà dans toutes les parties de l'acte d'accusation, vous l'avez, Messieurs, retrouvé dans toutes les parties de ces débats. Tant de fois mon oreille l'a entendu prononcer qu'il me semblait que ces murs, ces murs sonores le demandaient. « C'est de son affaire qu'il s'agit, où est-il? »

Car, enfin, il n'est pas un seul fait reproché à un seul des accusés qui ne soit avant tout le fait du prince. Et les deux hypothèses se compareraient!!! Arrière, arrière l'exemple de la duchesse de Berry! Elle était dans les insurrections vendéennes, comme mobile, comme encouragement, non comme action... Le prince, lui, va, payant partout de sa personne. Sans lui, il n'y aurait pas eu de complot. Sans lui, il ne peut pas y avoir de procès.

Je m'attends à un autre argument : « Vous vous plaignez « de la disparition du prince. On vous a fait tort en l'éloi-«gnant. Il eût donné sur chacun de vous des explications «favorables. Eh bien! ces explications, donnez-les vous-« mêmes, et on y croira. Elles passeront pour vraies ; elles « auront autant de poids que si le prince les présentait à la « justice. » Y pense-t-on, et quel rôle se propose-t-on d'assigner aux accusés? Devenir accusateurs! charger le prince, quand il n'est point là, quand ses pas sont cloués au sol de l'Amérique, quand il ne peut plus parler ! ! ! Ce rôle indigne de gens d'honneur, oui, de gens d'honneur, car quelque grand que soit ton égarement, *tu n'es pas encore un infâme, mon frère,* (profonde sensation. M<sup>e</sup> Parquin, en prononçant ces paroles, se retourne vers son frère, étend sur lui les mains ; ce mouvement, produit d'une émotion dont il n'est pas le maître, cause un incroyable effet sur tout l'auditoire.) ce rôle indigne de gens d'honneur, ils le repoussent. Dût s'aggraver leur position, dût leur être réservée au bout de ce procès une peine sévère , la mort, jamais, jamais ils ne consentiront à se disculper, en accusant le prince. Le prince absent est sacré pour eux... Mais à son tour, le prince, s'il eût été présent, ne serait pas demeuré en arrière. Vous auriez été, Messieurs, spectateurs d'un intéressant combat. On aurait disputé à l'envi de générosité, de délicatesse. Les accusés ne veulent pas charger le prince ; le prince aurait tout pris à sa charge... Par l'éloi-

gnement du prince, il ne vous est donc plus permis de tout
savoir. La vérité ne peut arriver jusqu'à vous que mutilée,
incomplète. Maintenant la difficulté se réduit à ces simples
termes : Il a convenu au gouvernement d'enlever aux accusés le bienfait des déclarations du prince: les en punirez-
vous ? Il ne convient pas aux accusés de se disculper en
accusant le prince. Les en punirez-vous? (Mouvement.)

C'est là, Messieurs, l'immuable raison de décider. Dans
cette voie, vous n'avez pas à craindre de vous tromper jamais. Vous seriez sujets à de trop cruelles méprises, si
vous en adoptiez une autre. L'erreur du ministère public
était de supposer que l'éloignement du prince ne cause nul
dommage aux accusés... Cette erreur, je l'ai réfutée, dé-
truite. Je ne crois plus qu'il s'y maintienne; et alors.....
alors, Messieurs! toutes les fois que nos rois rendent des ordonnances de grâce, c'est avec la formule obligée : sous la
réserve du droit des tiers, *salvo jure alieno*. Toutes les fois
que nos lois proclament des mesures d'amnistie, c'est avec
la formule obligée : sous la réserve du droit des tiers, *salvo
jure alieno*. Le droit des tiers veut toujours être respecté.
Les lois, les ordonnances de faveur ne doivent jamais porter atteinte au droit des tiers... «Le prince (je rappelle votre
« phrase favorite) a été l'objet d'un acte de clémence destiné
« à prendre place dans les plus belles pages de l'histoire
« contemporaine.» Vous n'avez pas pu être clément, généreux, libéral à nos dépens.... Dès qu'il est démontré,
reconnu que le sort des accusés peut être aggravé par
l'éloignement du prince, il n'y a plus qu'un seul verdict
possible : l'acquittement. (Oui, oui!)

Et cet acquittement que tant de cœurs appellent, qui
est-ce donc, Messieurs, qui en souffrirait?

Le pays!... Le pays!... Assurément, il ne faut pas en savoir le moindre gré aux accusés. Le succès d'une effroyable
tentative n'a pas dépendu d'eux. L'Europe, à présent si

calme, pouvait être de nouveau lancée dans l'abime des révolutions, et ce n'est pas moi qui voudrais rien retrancher des couleurs sombres de cette partie du tableau tracé avec tant d'art et de talent par M. le procureur-général ; mais enfin ce complot, pour la réussite duquel il n'a pas été exercé la moindre violence, ce complot qui n'a pas fait couler une seule goutte de sang, ce complot, par son heureuse issue, n'est-ce pas, si l'on y songe bien, un événement favorable en soi ? n'a-t-il pas prouvé jusqu'à l'évidence que les parents de Napoléon n'avaient plus de chances ici, que la France qui les recevrait avec plaisir dans son sein, comme ses enfants, n'en voulait plus pour dominateurs et pour maîtres ? S'il fut un jeune prince qui, par l'éducation solide que son excellente mère lui a donnée, par son naturel aimable, par ses rares et brillantes qualités, par son affection pour la contrée qui l'a vu naître, par ses rapports et par sa ressemblance avec le vaillant capitaine dont il était le neveu, le fils adoptif, pût espérer de faire revivre le prestige attaché jadis au nom qu'il porte, c'est assurément le prince Napoléon-Louis Bonaparte... Quel sort a eu son entreprise ? où a-t-elle abouti ? quel retentissement à Metz, à Nancy, à Lyon, ailleurs ? A l'exception d'un régiment égaré à la voix de son chef (et ce régiment, je ne sache pas qu'il ait été mis en accusation), quels autres corps le prince a-t-il soulevés ? quelles villes se sont déclarées en sa faveur ? quelle citadelle lui a ouvert ses portes ? Hélas ! il est parvenu à égarer deux ou trois têtes. De ce vaste complot il ne serait pas même exact de dire avec le poëte :

*Surgentem videt una dies, videt una cadentem.*

(Un jour le voit éclore, un jour le voit mourir.)

Ce n'est point l'espace d'une journée, ce n'est point l'espace d'un matin, c'est tout au plus l'espace d'une heure

qu'il a duré. Une heure, une heure en a vu le commencement, le milieu, la fin.... Et encore, avait-il produit quelque sensation dans la cité où il éclata? Vous êtes, Messieurs, pour la plupart, vous, les habitants de cette cité.
Vous étiez-vous seulement aperçus de son existence? N'a-
vez-vous pas appris l'arrestation des coupables avant de
savoir qu'ils eussent conspiré? Avez-vous remarqué d'ailleurs que quelques intelligences eussent été pratiquées,
quelques vœux conçus, quelque espoir formé? Non, dans
leurs cris, le silence le plus absolu; dans leur marche,
l'isolement le plus complet... Grande et salutaire leçon, qui
ne sera pas perdue! Que les parents de Napoléon regardent
encore, s'ils le veulent, d'un œil de regret, le trône de
France; qu'ils ne le regardent plus d'un œil d'envie. Soit à
jamais perpétué le souvenir de la gloire, des belles œuvres,
des faits admirables du grand homme! Pour sa famille, elle
ne doit plus attendre de nous que ce respect qui suit toujours la puissance déchue, d'illustres infortunes.

Et si l'avenir du pays ne doit pas souffrir de l'acquittement des accusés, la morale publique du moins en souffri-
ra-t-elle? Aucunément. Une voix éloquente, une voix amie
vous l'a prouvé. La morale publique recevrait le plus san-
glant outrage de l'inégalité des conditions entre les artisans
d'un même complot. Le prince mis en dehors du procès,
parce qu'il est de sang illustre! Les accusés traduits et
condamnés, parce qu'ils sont de sang vulgaire!... Ah, vous
ne le voudriez pas.

Est-ce que vous auriez à suivre une règle plus sûre
que celle qui vous est tracée par la cour royale de
Colmar? quelque habileté, quelque ténacité que M. le
procureur-général ait déployées dans l'exposition de son
système sur la mesure relative à l'élargissement du
prince et sur les effets de l'acquittement des accusés, ce
système, la cour royale de Colmar l'avait jugé, l'avait

proscrit d'avance. Le prince avait été, comme ses complices, compris dans l'arrêt d'évocation. Un acte du gouvernement le lui dérobe. Va-t-elle rester spectatrice indifférente d'un fait qui doit laisser sa justice désarmée, impuissante? elle s'en garde bien. Elle proteste. Elle ne veut pas tolérer, sans contradiction et sans réserve, l'évidente violation du principe fondamental de l'égalité devant la loi. Vous, Messieurs, vous vous conformerez à son esprit. Elle vous inspirera. L'œuvre qu'elle n'a pas pu conduire à fin, votre verdict se chargera de le compléter, de le parfaire. Comme elle, en acquittant les accusés après que le gouvernement a affranchi leur chef, vous inscrirez sur votre bannière : JUSTICE ÉGALE POUR TOUS.

A votre décision, si impatiemment attendue, tout le monde gagnera : le pays, la morale publique, les principes et les accusés.

Une seule personne pourrait y perdre, le roi.... le roi! car il n'aura plus, Messieurs, cette occasion d'exercer encore une fois sa haute clémence. Ah! sans doute, *celui qui a compris de poignantes douleurs, et qui s'y est associé*, celui que la voix du repentir n'a jamais imploré en vain, celui qui a ouvert les portes de leurs cachots aux insurgés de juin comme aux rebelles de la Vendée, celui qui a brisé les fers des prisonniers de Ham, celui-là n'eût pas dédaigné les vœux formés pour les accusés de Strasbourg : mais assez d'autres circonstances lui seront offertes; et que ce serait mal connaître son noble cœur, si l'on pensait qu'heureux seulement dans l'application du droit de faire grâce, il éprouve des joies moins vives, moins pures, quand des accusés sont renvoyés absous par la justice, que lorsque, déclarés coupables, il a conquis le beau privilége de pardonner!

Le discours de M. Parquin, rempli de si beaux sentiments, de si profondes pensées, dans lequel cet honorable avocat a su heureusement concilier ce qu'il devait à la défense et ce qu'il devait à ses sympathies politiques pour le gouvernement au nom duquel son frère est poursuivi, ce discours prononcé avec un merveilleux accent d'émotion, de noblesse et de convenance, excite une vive impression sur l'auditoire. Il est souvent interrompu par des murmures d'approbation. Depuis longtemps on n'avait entendu à Strasbourg une éloquence si calme et pourtant si entraînante, une parole si modérée et pourtant si saisissante. Le commandant Parquin l'écoute dans une attitude difficile à rendre. Sa mâle figure militaire est plus d'une fois sillonnée de larmes qu'il tente vainement de retenir. Le colonel Vaudrey, les yeux fixés sur l'éloquent défenseur, semble le remercier d'un regard de gratitude, de relever ainsi le coaccusé sur qui le ministère public a fait peser les injurieuses accusations qui l'ont si profondément blessé lui-même. La fin de l'oraison de M. Parquin est accueillie par d'unanimes acclamations. Les applaudissements éclatent au fonds de la salle et sont à peine comprimés par le respect dû à la justice. M. Parquin est entouré des membres du barreau et des notabilités de l'auditoire qui le félicitent vivement.

# RÉPLIQUE

## DE

## M. L'AVOCAT PARQUIN.

AUDIENCE DU 17 JANVIER 1837.

Après la traduction du discours de M. l'avocat-général pendant
lequel Mᵉ Parquin a pris beaucoup de notes, l'audience est sus-
pendue pour un quart d'heure. Dans l'intervalle, l'affluence des
spectateurs augmente considérablement; car on sait que c'est
Mᵉ Parquin qui est chargé de la réplique au nom de tous ses confrères.

Nous allons tâcher de rendre cette brillante improvisation dont
la péroraison surtout, prononcée d'une voix qui trahissait une vive
et douloureuse émotion, a produit un effet magique sur l'auditoire. Un profond attendrissement a saisi toute l'assemblée. A ces
accents touchants, pas un cœur n'est resté insensible, pas un œil
n'est resté sec. Avocats et accusés, militaires et bourgeois, vieil-
lards et jeunes gens ne pouvaient retenir leurs larmes, et l'on
voyait des pleurs couler des yeux de vieux soldats qui étaient
restés calmes au milieu des horreurs du champ de bataille et en
présence de la mort. Quand l'honorable avocat s'est assis, il ré-
gnait dans l'assemblée un morne silence, interrompu par un élan
d'applaudissements que rien n'a pu comprimer.

3.

**Messieurs,**

J'étais venu défendre un frère..... Mon cœur ne m'avait pas trop mal inspiré. J'avais trouvé quelques-uns de ces accents qui vont à l'âme.... Vous les aviez accueillis avec une indulgente bonté.... Je croyais ma tâche remplie.

Mais voilà que tout à coup le vœu de mes confrères de Strasbourg et de Paris m'impose l'obligation de rentrer dans la lice, en me conférant l'honneur de répondre, pour tous, aux derniers arguments du ministère public. Cet honneur est insigne sans doute, mais il est dangereux. En même temps que je l'apprécie, comme je dois le faire, je ne puis pas ne pas en sentir le poids.... Que mon zèle supplée à mes forces... Que, saisi au dépourvu, surpris, sans le temps nécessaire pour préparer et aiguiser mes armes, par la seule force de mon droit, par la seule bonté de ma cause, je sorte encore victorieux de ce nouveau combat !

*Par la seule force de mon droit, par la seule bonté de ma cause !* Messieurs, il n'est permis à personne de se méprendre sur le sens de ces paroles... Moi, du nombre de ceux à qui l'un des organes du ministère public reprochait de vouloir trouver à tout prix les accusés innocents !.... Non, non, leur faute, je la blâme, je la condamne autant et plus sévèrement que qui ce puisse être.... Mais la question n'est pas cela... Si le prince Louis avait pû être compris dans la poursuite dirigée contre les complices de son attentat ; si l'honneur national, qui m'est cher, comme à tout Français, l'avait souffert ; si une pensée que j'ai appelée de haute convenance, de belle et grande portée politique, n'avait pas voulu, impérieusement voulu, qu'à l'exemple de la duchesse de Berry, le neveu de Napoléon venant disputer le trône de France, les armes à la main, ne relevât, après sa capture, que de la générosité royale.... ; s'il était enfin assis sur ce banc, devant vous, confondu avec ses coaccusés... je n'aurais pas la moindre chose à dire... ce qui me donne le pouvoir de parler haut, de réclamer, comme un droit, l'acquittement absolu, complet de gens à mes yeux coupables, je ne m'en cache pas, et ma franchise sera la même pour tous : c'est l'enlèvement du prince Louis.

Ici, Messieurs, je rentre dans une question légale... Ce n'est plus le cœur du frère qui vous parlera, c'est la voix austère du jurisconsulte. Je vais suivre le ministère public dans ses arguments les plus décisifs en apparence. Je n'en éluderai aucun. Je tiens trop à les réduire tous au néant.

La mesure prise de confier à un seul de nous le soin de combattre pour l'intérêt commun, a deux inconvénients, et je les signale : l'un, de ne pas permettre la réfutation des attaques personnelles dirigées contre chacun des accusés ; l'autre, de vous priver d'un nouveau développement de ces thèses brillantes, si habilement présentées, mais qui ne sont pas les miennes.... Messieurs, tout a été sacrifié au besoin de vous libérer, après quinze jours, de ces fatigants débats... Les attaques personnelles ! Vous n'aurez pas oublié (nous l'espérons du moins) comme elles ont été toutes repoussées par l'éloquente voix des défenseurs.... Les thèses politiques ! Oh ! Messieurs, je respecte l'opinion des autres, mais je demande aussi qu'on respecte la mienne.... Ma langue se sècherait plutôt que d'abjurer les croyances que je me suis faites.... Je l'ai dit, je l'ai répété à mes honorables confrères.... «Nous allons au même but par des voies diffé-«rentes, m'ont-ils répondu.... Parlez, parlez : Salut des « accusés, sois notre suprême loi ! »

Une des concessions que j'attendais le plus volontiers de M. l'avocat-général, c'est la reconnaissance des nombreuses erreurs que j'ai signalées dans l'acte d'accusation. Ministère public et défenseurs, nous sommes tous faillibles ; mais tous nous nous honorons, en confessant que nous nous étions trompés. La loyauté de l'adversaire

que je combats, n'est pas pour moi l'objet d'un doute.
Pourquoi donc n'a-t-il reconnu d'autre erreur que celle
qui consistait dans l'altération d'un mot, dans la substitu-
tion de la date du 15 août à celle du 15 avril? Pourquoi
n'a-t-il pas reconnu et l'erreur qui suppose que les deux
princes avaient choisi le séjour d'Arenenberg pour attendre
les événements politiques, et l'erreur qui prête aux accusés
l'affreuse espérance du succès d'un régicide, et l'erreur
commise sur l'ignoble propos attribué au commandant Parquin, propos que tous les témoins entendus à cette audience, ont énergiquement démenti?

Je croyais aussi que M. l'avocat-général me suivrait sur
le véritable terrain où la cause se trouve placée. Je l'ai déjà
fait observer : que les esprits soient divisés sur le plus ou
moins d'opportunité de la mesure relative à l'enlèvement du
prince Louis ; que quelques-uns estiment que le prince était
justiciable des tribunaux français , que d'autres croient
qu'avec le précédent de la duchesse de Berry , les plus im-
périeuses convenances ne permettaient pas au gouvernement d'agir autrement qu'il n'a jugé à propos de faire : du
moins sur le caractère de l'acte en soi, il ne me paraît pas
possible que l'on diffère d'opinion. Le ministère public pourtant se complaît dans sa pensée première. Il veut toujours
que cet acte dérive du droit qu'a le souverain de faire
grâce. Une thèse si fausse qui pourrait obtenir quelque cré-
dit précisément parce qu'elle a été développée par un honorable organe, ne doit pas rester sans réfutation.

M. l'avocat-général , allant chercher jusques dans les
constitutions de la vieille monarchie française, l'origine du
droit de grâce, a cru remarquer qu'autrefois ce droit était
complexe, qu'il comprenait aussi et le droit d'amnistie et le
droit d'abolition. Puis, des termes soit du sénatus-consulte de
floréal an 10, soit de la Charte de 1814 et de celle de 1830 , il
a conclu que le droit de grâce n'avait pas été modifié, qu'il

existait aujourd'hui tel qu'auparavant... Mais le ministère
public a confondu trois choses essentiellement distinctes. Il
n'est pas vrai que sous l'antique monarchie le droit de grâce
comprit et le droit d'amnistie et le droit d'abolition. Ces
droits, de nature différente, n'étaient pas confondus et
s'exerçaient différemment. Tantôt le monarque exerçait le
droit de grâce. Tantôt, il exerçait le droit d'amnistie. Tantôt, il exerçait le droit d'abolition. Maintenant je rétorque
contre M. l'avocat général l'argument dont il s'est servi. Si
les droits de grâce, d'amnistie et d'abolition étaient des
droits distincts, des droits qui ne se confondaient pas, des
droits qui s'exerçaient indépendamment l'un de l'autre, le
sénatus-consulte de l'an 10, les Chartes de 1814 et de 1830
n'ayant rétabli pour le souverain que le droit de grâce, on
arrive à cette conclusion nécessaire qu'ils n'ont entendu
rétablir ni le droit d'amnistie, ni le droit d'abolition.

Mais on m'arrête : ce droit d'amnistie que vous contestez
au souverain, il l'a quelquefois exercé ; donc il lui appar-
tient. Singulier mode de trancher la question ! Messieurs,
après la rentrée des Bourbons, une amnistie (cruelle dans
ses exclusions) fut prononcée. Par qui ? par le roi ? non ;
par les chambres. Qui ne se souvient de la loi de juillet
1814 ? A cette époque, le monarque ne croyait donc pas
pouvoir prendre sur lui d'amnistier....

M. l'avocat-général vous a rappelé le caractère éner-
gique, la volonté absolue de l'homme qui a proposé, qui a
fait rendre le sénatus-consulte de floréal an 10 ; et il s'est
demandé si cet homme de fer aurait été disposé à accepter le
droit de grâce modifié, mutilé, restreint.... J'ai deux ré-
ponses ; elles sont péremptoires. La première, je la puise
dans la date du sénatus-consulte : *floréal, an* 10. Alors le
chef du gouvernement n'avait pas cette autorité étendue
et arbitraire qu'il s'est arrogée depuis. La seconde, le ministère public me l'a fournie lui-même, en faisant ressortir

la différence qui existe entre les termes du sénatus-consulte
de l'an 10, et ceux de l'une et l'autre charte. Le sénatus-
consulte de l'an 10 subordonnait le droit de grâce à l'accom-
plissement de certaines conditions. L'exercice de ce droit
ne pouvait se décider que dans un conseil privé. Ni la charte
de 1814, ni la charte de 1830 n'ont laissé subsister l'embar-
ras qu'éprouvait le souverain dans l'usage de l'une de ses
plus belles prérogatives. Comment serait-il possible d'ad-
mettre qu'en l'an 10, le chef du gouvernement aurait refusé le droit de grâce moins étendu qu'il ne l'était avant la
révolution, quand on voit qu'il consentait à se soumettre, pour l'exercer, à des conditions qui aujourd'hui ne
sont même plus imposées au souverain ?

J'avais raisonné ainsi : « c'est l'usage du droit de grâce,
« selon vous; mais toute grâce émane du roi. Elle est con-
« statée par des lettres-patentes signées de sa main; ces
« lettres doivent être entérinées dans une cour de justice...
« Y a-t-il eu rien de pareil ici » ? Que répond le ministère
public ? Les lettres-patentes du roi, leur entérinement
dans une cour de justice ne sont que des choses d'usage,
et on a pu y déroger. Oh ! la théorie est nouvelle, et je serais
tenté d'engager M. l'avocat-général à prendre ses instructions à la chancellerie. Comment ! Au bas de toutes les
lettres de grâce accordées par le roi, ne lit-on pas cette
mention : « *mandons et ordonnons à la cour royale de* .....
« *d'entériner les présentes lettres.* »

Mais veut-on avoir la preuve que la cour royale de Colmar elle-même n'a pas considéré la mesure prise à l'égard
du prince, comme émanant du droit de grâce ?... Ce sont ses
réserves et ses protestations.... Est-ce qu'une cour royale
à l'audience de laquelle sont présentées des lettres de grâce
et qui doit les entériner, se permettrait de protester contre
l'exercice légitime de la prérogative du souverain ? vous
parliez *de trahison, de félonie;* mais quel nom mériterait

l'acte par lequel des magistrats (qui doivent donner les premiers l'exemple de la soumission aux lois) s'immisceraient dans l'usage du droit de grâce, se réserveraient de juger son utilité, son opportunité !.... Le système de M. l'avocat-général tend à constituer la cour royale de Colmar en état d'insurrection et de révolte. Croyons, croyons plutôt qu'elle est restée sur la ligne de ses devoirs.

D'ailleurs, qui a le contre-seing des lettres de grâce? Le garde des sceaux. A qui est confié le soin de les faire exécuter? Au procureur-général. Or, quels sont les ministres dont les signatures se trouvent au bas des ordres qui ont fait sortir le prince? Le ministre de la guerre, le ministre de l'intérieur. Quels fonctionnaires ont été chargés de leur exécution? Le préfet, le lieutenant-général. Le garde des sceaux, on ne le voit nulle part. Le procureur-général, pas davantage. Ce dernier n'est pas même prévenu. On s'isole de lui, ainsi que du conseiller instructeur. Tous les deux n'apprennent l'extraction du prince que lorsqu'il n'est plus en leur pouvoir de s'y opposer.... Dites, dites donc encore que dans cette circonstance le souverain a usé seulement de son droit de faire grâce.

Revenons à la vérité. Le gouvernement a voulu se montrer indulgent, généreux en faveur du prince Louis. Il a pris une mesure qui le sert, qui lui profite. Le caractère de cette mesure est essentiellement politique. Ainsi que l'a exprimé la cour royale de Colmar, c'est aux deux chambres à la juger.

Quand je confesse que c'est aux deux chambres à la juger, je réponds suffisamment à ce reproche de M. l'avocat-général que la défense voudrait traduire l'acte du gouvernement devant le jury et le soumettre à son appréciation... Du tout, du tout. Le jury n'a, pas plus que la cour royale de Colmar, le droit d'apprécier cet acte.... Mais ce qui est au pouvoir du jury, ce qui est même dans son devoir, c'est d'examiner jusqu'à quel point l'absence du prince peut influer sur le sort des accusés.... Je ne veux pas reproduire tout ce que j'ai dit à cet égard. La matière est épuisée. Un mot néanmoins en réponse à quelques objections nouvelles.

M. l'avocat-général a déclaré que les explications, de quelque part qu'elles vinssent, ne changeraient en rien le sentiment qu'il s'était formé sur chacun des accusés; que le prince présent comme le prince absent, sa façon de voir serait toujours la même. J'en doute; je crois que le ministère public se fait illusion. Quel est donc l'homme de bonne foi (et je crois surtout à la bonne foi de M. l'avocat-général) qui pourrait affirmer que des explications données de certaine manière, présentées surtout avec l'accent de la persuasion, n'agiraient jamais sur son esprit? C'est impossible. Au surplus, en supposant que la conviction du ministère public soit forte et inébranlable comme il le déclare, ce n'est pas lui qui juge, heureusement! (rires universels) et la conviction du jury, est-ce qu'il peut en répondre comme de la sienne?

M. l'avocat-général ne veut pas que le prince ait séduit, ait égaré, ait entraîné les accusés.... Quelle raison en donne-t-il? Le prince est incapable d'exercer le moindre ascendant. C'est un homme vulgaire, que ses relations ne recommandaient pas, digne de peu de faveur et d'intérêt... Y avez-vous réfléchi, Monsieur l'avocat-général? Pensez-vous qu'il soit bien séant, bien convenable, de s'étendre, comme vous le faites, sur les faiblesses, sur les défauts, sur le caractère peu méritoire du prince, quand il est absent? Faut-il que ce soit des accusés que vous preniez, non pas leçon, mais exemple de délicatesse dans les procédés? Et si la presse, l'inexorable presse, qui recueille tout, vous le savez, ne laissait point tomber vos étranges paroles, si elle les portait au delà de l'Océan, si elle les transmettait à l'oreille du prince, quelles plaintes celui-ci ne

serait-il pas en droit d'exhaler... « Votre gouvernement
« ne veut pas souffrir que je comparaisse devant ses tribu-
« naux. Il m'en interdit l'accès; et lorsque cédant à une
« contrainte, honorable dans son principe, mais à laquelle
« j'aurais voulu ne pas être soumis, je me suis expatrié,
« moi au loin, il permet aux organes de la loi, de m'injurier,
« de me diffamer! On veut me perdre dans l'esprit de ces
« Français dont je porte la confiance et l'estime si haut...!
« Une clémence qui se reconnaît à de pareils traits, qu'on la
« reprenne, je n'en veux pas. La vie avec l'opprobre! La
« mort plutôt, mille fois la mort..... »

Et ce généreux langage, quel cœur généreux pourrait ne
pas l'accueillir !... Ah ! M. l'avocat-général, je vous rends
assez de justice pour croire qu'il vous toucherait vous-
même (Murmure d'approbation dans tout l'auditoire).

Eh bien ! je suis heureux de pouvoir donner à la France
une meilleure, une plus favorable opinion du prince..... A
défaut de sa personne, apprenez, Messieurs, à le connaître
par ses écrits.... Il est enlevé rapidement de sa prison. On
le dirige vers la capitale. Là il lui est permis de passer quelques heures à la préfecture de police, pour se remettre des
fatigues du voyage qui finit, pour se préparer aux fatigues du voyage qui va commencer. Quel emploi fera-t-il,
ce noble jeune homme, d'un temps consacré au repos?
Il n'avait pas pu perdre le souvenir de ses coaccusés
qu'il laisse seuls, malgré lui, sous le poids d'une accusation terrible. Il veut faire servir du moins à leur salut,
cette halte de quelques instants.... Une lettre est com-
mencée. En tête elle porte : *Paris, ce 11 novembre 1836* :
à la fin, *Lorient, ce 15 novembre 1836*. Le temps lui avait
manqué à Paris pour la terminer; mais il ne mettra pas le
pied sur le bâtiment qui va l'emporter loin des côtes de
France, sans avoir pris la défense de ceux dont il a causé
la perte.

Paris, le 11 novembre 1836.

« Monsieur,

« Malgré mon désir de rester avec mes compagnons d'in-
« fortune et de partager leur sort, malgré mes réclamations
« à ce sujet, le roi, dans sa clémence, a ordonné que je
« fusse conduit à Lorient, pour passer de là en Amérique.
« Quoique vivement touché de la générosité du roi, (ici
M. Parquin s'adressant à l'avocat-général : vous voyez,
Monsieur, que parmi ses nombreux défauts, il ne faut
pas compter l'ingratitude) (hilarité) « je suis profondé-
« ment affligé de quitter mes coaccusés, dans l'idée que
« ma présence à la barre, que mes dépositions en leur
« faveur auraient pu influencer le jury et l'éclairer sur plu-
« sieurs faits importants. Privé de la consolation d'être utile
« à des hommes que j'ai entraînés à leur perte, je suis obligé
« de confier à un avocat ce que je ne puis plus dire moi-
« même devant le jury....

« .... Certes, nous sommes tous coupables envers le gou-
« vernement d'avoir pris les armes contre lui ; mais le plus
« coupable, c'est moi, c'est celui qui, méditant depuis
« longtemps une révolution, est venu tout à coup arracher
« des hommes à une position sociale honorable, pour les
« livrer à tous les hasards d'un mouvement populaire....

« .... Vous voyez donc que c'est moi qui les ai séduits,
« en leur parlant de tout ce qui était capable de toucher un
« cœur français. Ils me parlaient de leurs serments ; je leur
« rappelai qu'en 1815 ils avaient juré fidélité à Napoléon II
« et à sa dynastie. L'invasion étrangère, leur dis-je,
« vous a déliés de vos serments ; la force peut rétablir
« ce que la force seule a brisé. Pour leur ôter même tout
« scrupule, je leur dis qu'on parlait de la mort subite du
« roi et que la nouvelle paraissait certaine. On verra par
« là combien j'étais coupable envers le gouvernement.
« Or, le gouvernement a été généreux envers moi ; il a

«trouvé que ma position d'exilé, que mon amour pour la
« France, que ma parenté avec l'empereur étaient des cau-
« ses atténuantes. Le jury restera-t-il en arrière de la
« marche indiquée par le gonvernement? .... »

Messieurs, Vous l'entendez : le prince ne partage pas,
lui, le sentiment de M. l'avocat-général. Il ne juge pas sa
présence inutile. Il croit qu'elle eût été d'une grande im-
portance, et surtout il ne s'explique pas qu'absous par le
gouvernement contre lequel il s'était armé, ceux qu'il avoue
avoir égarés, puissent être sérieusement poursuivis.

Ceci, Messieurs, me suggère une observation qui n'est
pas indigne de vous être présentée. Parmi les causes de l'enlèvement du prince, on a pu naturellement placer la crainte
qu'un jury français ne voulut jamais consentir à dégrader
d'une peine afflictive et infamante le neveu de Napoléon.
Dans cette hypothèse, si des jurés avaient absous le prince,
ne répugne – t – il pas au simple bon sens qu'ils eussent
condamné les complices? évidemment, les accusés aussi
eussent été absous. Or, ces accusés que vous auriez ac-
quittés avec le prince, seront-ils condamnés, parce que le
prince tient son acquittement du gouvernement et non de
vous? Poser la question de cette manière, Messieurs, c'est
la résoudre. (Assentiment.)

M⁰ Parquin développe plusieurs autres considérations ac-
cessoires, et il ajoute :

Messieurs, j'ai réfuté avec le peu d'ordre qu'une réplique instantanée permet, et cependant, je crois, avec un
véritable avantage, les objections du ministère public... Mes
devoirs sont accomplis; maintenant vont commencer les
vôtres. Ils sont grands... La France toute entière a les yeux
sur vous. Répondez noblement à son attente. Quand depuis
six ans vos prédécesseurs se sont abstenus avec soin de
toute condamnation politique, ce n'est pas par celle-ci, apparemment, que vous voudriez commencer. Un procès où

l'égarement des accusés se montre, et non pas leur perversité ! un procès où la condamnation viendrait flétrir, moins les complices que le principal auteur de l'attentat ; un procès entaché, dès son origine, par la violation du grand principe constitutionnel : Égalité devant la loi !... un tel procès : oh ! quel triste honneur pour vous, Messieurs, si le premier, le premier de tous, il ne se terminait pas par un acquittement !

Je ne tarderai pas à quitter cette belle contrée. Dans peu de jours, j'aurai regagné Paris. J'y rentrerai, le cœur plein du bienveillant intérêt qu'on m'a témoigné ici. Magistrature, administration, armée, barreau (barreau où j'ai rencontré des confrères que la capitale serait fière de posséder dans son sein), personnages de tous rangs, de toutes nuances, de toutes convictions politiques, partout on a compris ma position ; partout j'ai recueilli de précieux suffrages ; ma mémoire reconnaissante ne l'oubliera jamais... Ah ! Messieurs les jurés, ayez, prenez aussi votre part de ces heureux souvenirs... Faites qu'à côté d'eux ne vienne pas se placer un amer, un poignant regret ; faites que tout me soit doux dans les pensées qu'il m'arrivera souvent de reporter vers l'Alsace...

Et toi, ma vénérable mère, toi qui, à quatre-vingt-deux ans, as retrouvé des jours sans repos et des nuits sans sommeil, toi qui reproches à la Providence de ne t'avoir pas enlevée plus tôt de cette terre, où ton passage fut marqué par la pratique de toutes les vertus ; toi dont les mains suppliantes, sans cesse élevées vers le ciel, redemandent un fils, tu m'attends ; je te vois ; je t'aborde ; tes yeux interrogent les miens ; j'entends ton cri : *Parquin, qu'as-tu fait de ton frère ?...* Ma mère, ma bonne mère, sois tranquille, sèche tes larmes ; ton fils, ton Charles, un jury alsacien te le rendra !

Cette admirable réplique dans laquelle M⁰ Parquin a surpassé son éclatant succès de dimanche dernier, sa touchante péroraison, débitées d'un ton, avec une âme qu'il nous est impossible de rendre, produisent sur les esprits la plus déchirante impression. Dans l'auditoire, au barreau, sur le banc des accusés, au siége même de la cour, une entraînante émotion se manifeste par des sanglots et par des larmes. Des applaudissements nombreux et involontaires couvrent les dernières paroles de M<sup>e</sup> Parquin qui se rassied sous le poids d'une profonde émotion. Jamais triomphe d'éloquence n'avait été si beau et si électrique.

Le lendemain 18 janvier, le jury prononçait un verdict général d'acquittement.

FIN.

www.ingramcontent.com/pod-product-compliance
Ingram Content Group UK Ltd.
Pitfield, Milton Keynes, MK11 3LW, UK
UKHW020035080726
13614UKWH00004B/1764